Seljvije Mehmeti

Silvi kocht

-

Meine Lieblingsgerichte

AF176096

Satz: Seljvije Mehmeti
Covergestaltung: Seljvije Mehmeti
silvijememeti@gmail.com
Illustration http://pixabay.com/
Foto © privat

ISBN: 978-3-7534-8131-9

© 2021 Herstellung und Verlag:
BoD - Books on Demand,
Norderstedt
www.bod.de

MIX
Papier aus verantwortungsvollen Quellen
Paper from responsible sources
FSC® C105338

Silvi kocht

-

Meine Lieblingsgerichte

INHALTSVERZEICHNIS

Dieses Kochbuch hat keine Fotos zu den einzelnen Gerichten.

Ebenso gibt es keine Nährwertangaben, da diese auf fast allen Lebensmitteln angegeben sind.

Vorwort	6
Bauernsalat mit Schafskäse	7
Fitness-Salat	8
Gemischter Salat	9
Rettichsalat	10
Reissalat mit Ananas	11
Tortellinisalat	12
Hähnchenlebersalat	13
Lachs-Vorspeise	14
Suppe mit Hähnchenbrust	15
Weiße-Bohnen-Eintopf	16
Kartoffel-Eintopf	17
Gemüse-Eintopf	18
Erbsen-Eintopf	19
Gulasch mit Zwiebeln	20
Lammfilet	21
Hackbraten mit Paprika	22
Hackbraten mit Ahornsirup	24
Paprika Sarma	25
Weißkohl Sarma	26
Hackfleischsoße für Nudel- oder Reisgerichte	27
Beefsteakfrikadellen	28
Roastbeef in Sahnesoße	29
Rumpsteak	30
Backhähnchen mit Mais	31
Kartoffel-Backhähnchen	32
Bandnudeln mit Hähnchenfleisch	33
Putenschnitzel	34
Reibeplätzchen mit Kompott	35
Kartoffelpuffer	36

Backkartoffeln mit Kräuterquark 37
Kartoffelgratin 38
Schupfnudel- Schafskäse-Pfanne 39
Salbei-Gnocchi 40
Brokkoli-Knödel 41
Eieromelett 42
Eierkuchen 43
Rührei mit Bratwurst 44
Rührei mit Fleischwurst 45
Cannelloni mit Rahmspinat 46
Spaghetti Carbonara 47
Spaghetti mit Pfifferlingen 48
Spaghetti Bolognese 49
Spaghetti mit Krabben 50
Spaghetti mit Rinderfilet 51
Spaghetti mit Lachs 52
Basilikum-Spaghetti 53
Tomatensoße für Lasagne und andere Nudelgerichte 54
Überbackene Tortellini 55
Tortellini-Pfanne 56
Pizza 57
Pide pikant 58
Pide Jalapeno (scharf) 59
Pide mit Petersilie 60
Pide mit Kräutercreme 61
Pide mit Kürbis (süß) 62
Pide mit Heidelbeeren (süß) 63
Scampi 66
Backfisch 67
Lokum Krapfen 68
Pfannkuchen 69
Bratapfel mit Ingwer 70
Pflaumendessert 71
Joghurt mit Erdbeeren 72
Obstsalat 73
Split Bananen 74
Autorenprofil 75

Vorwort

Die Rezepte in diesem Buch laden zum Nachkochen ein. Sie wurden alle am heimischen Herd erprobt. Die Maßangaben der Gewürze sind auf meinen Geschmack abgestimmt.

Der eine isst lieber scharf, der andere mild. Deshalb scheuen Sie sich nicht, kreativ zu sein und die Gerichte ganz nach Ihrem Geschmack zu würzen. Schließlich heißt es: Die Königin der Kochrezepte ist die Fantasie.

Viel Freude beim Nachkochen und guten Appetit!

Gut gekocht.
Schneiden, Hacken, Hobeln, Rühren
bunte Vielfalt - zum Garnieren
und das Würzen mit Gefühl
ist der Countdown - ja das Ziel.
Um die Gäste zu verwöhnen
will der Koch die Speisen krönen,
sie mit Liebe zubereiten,
bis sie auf den Teller gleiten.
Ein Gourmet liebt noble Speisen,
Fleischgerichte gut zum Beißen,
das Gemüse knackig, frisch,
am gedeckten Essenstisch.
Ingrid Riedl (1945 - 2014), österreichische Philosophin,
Psychologin und konzessionierte Lebens- und Sozialberaterin.

Bauernsalat mit Schafskäse

Zutaten für 2 Personen:

- 200 g Fleischtomaten
- 1 Salatgurke
- 10 schwarze Oliven
- 2 Zweige Basilikum
- 200 g Schafskäse
- 3 EL Olivenöl
- 1 Prise Salz
- 1 Prise Pfeffer

Zubereitung:

Fleischtomaten waschen und in Scheiben schneiden.

Salatgurke schälen und ebenfalls in Scheiben schneiden.

Schafskäse zerbröckeln.

Basilikum waschen und die Blätter abzupfen.

Olivenöl mit Salz und Pfeffer verrühren.

Alle Zutaten (außer Basilikum) miteinander vermengen.

Salat auf Teller geben und mit dem Basilikum garnieren.

Fitness-Salat

Zutaten für 2 Personen:
- 1 Kopfsalat
- 2 Tomaten
- 1 Zwiebel
- 1 Zitrone
- 1 Zweig Petersilie
- 2 Hähnchenbrust
- 1 EL Essig
- 4 EL Olivenöl
- 1 Prise Zucker
- 1 Prise Salz
- 1 Prise Pfeffer

Zubereitung:
Hähnchenbrust waschen und trockentupfen.

Salat waschen und in mundgerechte Stücke schneiden.

Tomaten waschen und in Scheiben schneiden.

Zwiebel schälen und ebenfalls in Scheiben schneiden.

Petersilie waschen und auseinander zupfen.

2 EL Olivenöl in einer Pfanne erhitzen und die Hähnchenbrust darin etwa 4 Minuten von beiden Seiten anbraten. Mit Salz und Pfeffer würzen.

Zitrone auspressen und mit dem restlichen Olivenöl, Essig und Zucker verrühren.

Salat, Tomaten und Zwiebel in einer Schüssel vermengen. Dann das Dressing unterheben.

Salat und Hähnchenbrust auf Teller anrichten und mit Petersilie garnieren.

Gemischter Salat

<u>Zutaten für 4 Personen:</u>
- ♦ 1 Kopfsalat
- ♦ 1 Tomate
- ♦ 1 Zwiebel
- ♦ 200 g Mais (Dose)
- ♦ 30 Oliven
- ♦ 2 Zweige Basilikum
- ♦ 1 Zitrone
- ♦ 4 EL Olivenöl
- ♦ 1 Prise Zucker
- ♦ 1 Prise Salz
- ♦ 1 Prise Pfeffer

<u>Zubereitung:</u>

Salat waschen und in mundgerechte Stücke schneiden.

Tomaten waschen und in Scheiben schneiden.

Zwiebel schälen und in Ringe schneiden:

Mais in einem Sieb abtropfen lassen. Dann zusammen mit dem Salat, Tomaten und Zwiebel in einer Schüssel vermengen.

Basilikum waschen und die Blätter abzupfen.

Zitrone auspressen und zusammen mit dem Olivenöl, Zucker, Salz und Pfeffer verrühren.

Salat mit dem Dressing vermischen, auf Teller anrichten und mit Basilikum garnieren.

Rettichsalat

Zutaten für 4 Personen:

- 300 g Rettich
- 4 Tomaten
- 1 grüne Paprika
- Saft einer Zitrone
- 2 EL frische Schnittlauchröllchen
- 1 Zweig Petersilie
- 3 EL Kräuteressig
- 3 EL Olivenöl
- 1 Prise Salz
- 1 Prise Pfeffer

Zubereitung:

Rettich schälen und in feine Streifen schneiden.

Tomaten waschen und in Scheiben schneiden.

Paprika waschen, entkernen und in Spalten schneiden.

Petersilie waschen und auseinander zupfen.

Dann alle Zutaten miteinander vermengen und den Zitronensaft unterheben.

Kräuteressig, Olivenöl, Pfeffer sowie Schnittlauch verrühren und 20 Minuten ziehen lassen. Dann mit dem Salat vermengen.

Salat auf Teller anrichten und mit Petersilie garnieren.

Reissalat mit Ananas

Zutaten: für 2 Personen:

- 300 g Reis
- 200 g Hähnchenfilet
- 2 Lauchzwiebeln
- 1 Zweig Petersilie
- 1 Ananas
- 2 Limetten
- 150 g Rosinen
- 30 ml Olivenöl
- 1 EL Essig
- 1 Prise Zucker
- 1 Prise Salz
- 1 Prise Pfeffer

Zubereitung:

Reis nach Packungsangaben zubereiten.

Hähnchenfilet waschen und trocken tupfen. Olivenöl in einer Pfanne erhitzen und das Fleisch darin 5 Minuten braten. Dann in Streifen schneiden.

Frühlingszwiebeln putzen und in Ringe schneiden.

Den Strunk, Boden und die Schale der Ananas entfernen und das Fruchtfleisch in Würfel schneiden. Nun zusammen mit den Frühlingszwiebeln und Reis in einer Schüssel vermengen.

Petersilie waschen und auseinander zupfen.

Rosinen 30 Minuten in lauwarmen Wasser einweichen, dann abschütten und ebenfalls zu dem Reis geben.

Reis auf Teller anrichten. Die Hähnchenfiletstreifen darauf verteilen und mit Limettenscheiben und Petersilie garnieren.

Tortellinisalat

Zutaten für 2 Personen:

- ◆ 400 g Tortellini
- ◆ 100 g Champignons
- ◆ 20 Kirschtomaten
- ◆ 2 Zweige Petersilie
- ◆ 8 EL Mayonnaise
- ◆ 1 EL Senf
- ◆ 1 Prise Salz
- ◆ 1 Prise Pfeffer

Zubereitung:

Tortellini nach Packungsangabe zubereiten.

Champignons putzen und in Scheiben schneiden.

Kirschtomaten waschen.

Petersilie waschen und etwas auseinander zupfen.

Mayonnaise, Senf, Salz und Pfeffer verrühren und mit den Tortellini, Champignons und Kirschtomaten vermengen.

Tortellinisalat auf Teller anrichten und mit Petersilie garnieren.

Hähnchenlebersalat

Zutaten für 2 Personen:

- ◆ 300 g Hähnchenleber
- ◆ 200 g Feldsalat
- ◆ 3 Tomaten
- ◆ 1 rote Zwiebel
- ◆ 6 EL Sonnenblumenöl
- ◆ 3 EL Kräuteressig
- ◆ 1 Prise Salz
- ◆ 1 Prise Pfeffer

Zubereitung:

Hähnchenleber waschen, trocken tupfen und von Häutchen und Sehnen befreien.

Feldsalat waschen und trockentupfen.

Tomaten waschen und in Scheiben schneiden. Dann zusammen mit dem Feldsalat in einer Schüssel vermengen.

3 EL Sonnenblumenöl und Essig verrühren und mit dem Salat vermischen.

Zwiebel schälen und in Würfel schneiden.

Das restliche Sonnenblumenöl in einer Pfanne erhitzen und die Leber darin zusammen mit den Zwiebeln anbraten.

Leber zusammen mit dem Salat servieren.

Lachs-Vorspeise

Zutaten für 2 Personen:
Zutaten für den Salat:
- 300 g Lachs (Scheiben)
- 2 Tomaten
- 1 rote Zwiebel
- 1 Kopfsalat
- 70 g Tomaten
- 2 gekochte Eier

Zutaten für die Cocktailsoße:
- 4 EL Tomatenketchup
- 3 - 2 EL Mayonnaise
- 1 EL Aceto Balsamico
- 1 Prise Zucker
- 1 Prise Salz
- 1 Prise Pfeffer

Zubereitung:
Tomatenketchup, Mayonnaise und Balsamico verrühren. Mit Zucker, Salz und Pfeffer würzen.

Tomaten waschen und in Scheiben schneiden. Zwiebel schälen und in Ringe schneiden. Kopfsalat waschen und klein schneiden. Alles zusammen in einer Schüssel vermengen.

Eier pellen und in Scheiben schneiden.

Salat mit Eier- und Lachscheiben auf Teller anrichten. Dann die Cocktailsoße darüber träufeln.

Suppe mit Hähnchenbrust

Zutaten für 2 Personen:
- 300 g Hähnchenbrustfilet
- 2 Knoblauchzehen
- 1 Zwiebel
- 2 Möhren
- 200 g Weißkohl
- 200 g Blumenkohl
- ½ Chilischote
- 1 Zweig Petersilie
- 2 TL Sonnenblumenöl
- 500 ml Gemüsebrühe
- 1 EL Ingwerpulver
- 1 TL Vegeta
- 1 Prise Salz
- 1 Prise Pfeffer

Zubereitung:

Hähnchenbrustfilet waschen, trocken tupfen und in Würfel schneiden.

Knoblauchzehen und Zwiebel schälen und fein hacken.

Petersilie waschen und auseinander zupfen.

Weißkohl waschen und grob schneiden.

Möhren schälen und grob raspeln.

Blumenkohl putzen und in Röschen teilen.

Chilischote waschen, halbieren, entkernen und klein würfeln.

Sonnenblumenöl in einem Topf erhitzen und Knoblauch sowie Zwiebeln darin anschwitzen. Hähnchenbrustfilet, Möhren, Weißkohl, Blumenkohl und Chilischote hinzugeben. Gemüsebrühe zufügen, aufkochen und alles 20 Minuten köcheln lassen. Mit Ingwerpulver, Vegeta, Salz und Pfeffer würzen.

Suppe in Teller füllen und mit Petersilie garnieren.

Weiße-Bohnen-Eintopf

Zutaten für 6 Personen:

- 500 g weiße Bohnen
- 800 g Kalbfleisch
- 2 Zwiebeln
- 3 getrocknete Paprika
- 1 Zweig Petersilie
- 1 EL Mehl
- 30 ml Sonnenblumenöl
- 1000 ml Wasser
- 2 EL Vegeta
- 1 EL Paprikapulver edelsüß
- 1 TL Chiliflocken
- 1 Prise Salz
- 1 Prise Pfeffer

Zubereitung:

Bohnen einweichen.

Kalbfleisch waschen, trocken tupfen und in 4 cm große Würfel schneiden.

Petersilie waschen und auseinander zupfen.

1 Zwiebel schälen, vierteln und zusammen mit den Bohnen und Fleisch in einen Topf geben. Wasser zufügen, aufkochen und alles 1 ½ Stunden köcheln lassen. Mit Vegeta, Salz und Pfeffer würzen.

Sonnenblumenöl in einer Pfanne erhitzen. Das Mehl zufügen und unter Rühren 2 Minuten anschwitzen.

Die andere Zwiebel schälen, fein hacken und mit dem Paprikapulver zu dem Mehl geben. Alles unter regelmäßigem Rühren weitere 5 Minuten anschwitzen. Dann die Zwiebeln zu dem Eintopf geben.

Eintopf in Teller füllen und mit Chiliflocken bestreuen und Petersilie garnieren.

Tipp: Dazu gemischten Salat und Brot servieren

Kartoffel-Eintopf

Zutaten für 6 Personen:

- 800 g Rindfleisch
- 800 g Kartoffeln
- 4 Tomaten
- 2 Paprika
- 1 Zwiebel
- 1 Zweig Petersilie
- 2 EL Tomatenmark
- 1 EL Mehl
- 1000 ml Gemüsebrühe
- 30 ml Sonnenblumenöl
- 1 Prise Salz
- 1 Prise Pfeffer

Zubereitung:

Rindfleisch waschen, trocken tupfen und in mundgerechte Würfel schneiden. Zwiebel schälen und fein hacken.

Tomaten waschen und ebenfalls in Würfel schneiden.

Paprika waschen, halbieren, Kerngehäuse entfernen und die Paprika in Stücke schneiden.

Kartoffeln schälen und würfeln.

Petersilie waschen und auseinander zupfen.

Sonnenblumenöl in einem Topf erhitzen und das Fleisch darin 10 Minuten anbraten. Zwiebel, Kartoffeln, Paprika, Tomaten, Tomatenmark und Mehl zufügen und mit anschwitzen. Mit Salz und Pfeffer würzen.

Brühe zufügen, aufkochen und alles 50 Minuten köcheln lassen.

Kartoffel-Eintopf in Teller füllen und mit Petersilie garnieren.

Tipp: Dazu gebratene Paprika und Chili mit Joghurt servieren.

Gemüse-Eintopf

Zutaten für 6 Personen:

- 400 g Kartoffeln
- 400 g Möhren
- 1 Zwiebel
- 600 g Hähnchenbrust
- 1 Zweig Petersilie
- 1000 ml Gemüsebrühe
- 20 ml Sonnenblumenöl
- 1 Prise Salz
- 1 Prise Pfeffer

Zubereitung:

Hähnchenbrust waschen, trocken tupfen und in Würfel schneiden.

Kartoffeln schälen und ebenfalls würfeln.

Möhren schälen und in Scheiben schneiden.

Zwiebel schälen und fein hacken.

Petersilie waschen und auseinander zupfen.

Öl in einem Topf erhitzen und die Hähnchenbrust und Zwiebeln darin 5 Minuten anbraten. Kartoffeln und Möhren zufügen und kurz mit anschwitzen.

Brühe zufügen, aufkochen und alles 50 Minuten köcheln lassen. Mit Salz und Pfeffer würzen.

Gemüse-Eintopf in Teller füllen und mit Petersilie garnieren.

Tipp: Dazu Tomatensalat mit Paprika, Chili und Frühlingszwiebeln servieren.

Erbsen-Eintopf

Zutaten für 4 Personen:
- 300 g Erbsen
- 500 g Kartoffeln
- 800 g Lammfleisch
- 1 Suppengrün
- 1 Zwiebel
- 1000 ml Brühe
- 1 Zweig Petersilie
- 30 ml Sonnenblumenöl
- 1 Prise Majoran
- 1 Prise Salz
- 1 Prise Pfeffer

Zubereitung:

Erbsen einweichen.

Petersilie waschen und auseinander zupfen.

Lammfleisch waschen und in Würfel schneiden.

Die eingeweichten Erbsen zusammen mit dem Lammfleisch in einen Topf geben. Brühe zufügen und alles 50 Minuten köcheln lassen.

Kartoffeln schälen und in Würfel schneiden.

Suppengrün putzen und zerkleinern.

Beide zu dem Lammfleisch geben und weitere 30 Minuten köcheln lassen.

Sonnenblumenöl in einer Pfanne erhitzen und die Zwiebeln darin anschwitzen. Diese dann zu dem Eintopf geben. Mit Majoran, Salz und Pfeffer würzen.

Erbsen-Eintopf auf Teller geben und mit Petersilie garnieren.

Gulasch mit Zwiebeln

Zutaten für 4 Personen:
- 800 g Kalbfleisch
- 7 Zwiebeln
- 10 Wacholderbeeren
- 1 Zweig Petersilie
- 2 EL Tomatenmark
- 700 ml Brühe
- 20 ml Sonnenblumenöl
- 1 EL Mondamin
- 1 Prise Muskat
- 1 Prise Majoran
- 2 EL Paprikapulver (edelsüß)
- 1 Prise schwarzer Pfeffer

Zubereitung:
Kalbfleisch waschen, trockentupfen und in mundgerechte Stücke schneiden.

Zwiebeln schälen und in Spalten schneiden.

Petersilie waschen und auseinander zupfen.

Sonnenblumenöl in einem Topf erhitzen und das Fleisch darin zusammen mit dem Tomatenmark kräftig anbraten. Zwiebeln zufügen und mit Salz, Pfeffer, Paprikapulver, Majoran und Muskat würzen.

Brühe und Wacholderbeeren zufügen und das Fleisch darin eine Stunde garen.

Wacholderbeeren entfernen, das Gulasch auf Teller anrichten und mit Petersilie garnieren.

Lammfilet

Zutaten für 2 Personen:
- 300 g Lammfilet
- 200 g Reis
- ½ Zwiebel
- 1 rote Paprika
- 2 Zweige Petersilie
- 20 ml Sonnenblumenöl
- 1 Prise Vegeta
- 1 TL Paprikapulver (edelsüß)
- 1 Prise Salz
- 1 Prise Pfeffer

Zubereitung:

Reis nach Packungsangaben zubereiten.

Petersilie waschen und etwas auseinander zupfen.

Lammfilet waschen und trockentupfen. Die Hälfte des Sonnenblumenöls in einer Pfanne erhitzen und das Fleisch darin 5 Minuten anbraten. Dann herausnehmen und in Scheiben schneiden.

Zwiebel schälen und würfeln.

Paprika waschen, halbieren, Kerngehäuse entfernen und die Paprika ebenfalls in kleine Würfel schneiden.

Das restliche Sonnenblumenöl in einer Pfanne erhitzen und die Zwiebel und Paprika darin andünsten. Reis unterheben und mit Vegeta, Paprikapulver, Salz und Pfeffer würzen.

Lammfiletscheiben zusammen mit dem Reis auf Teller anrichten und mit Petersilie garnieren.

Hackbraten mit Paprika

Zutaten für 6 Personen:

- 1000 g Hackfleisch
- 4 Paprika
- 1 Zwiebel
- 1 Brötchen
- 2 Eier
- 300 g Schafskäse
- 1 Zweig frische Petersilie
- 100 ml Milch
- 100 ml flüssige Sahne
- 100 ml Wasser
- 2 EL Butter
- 2 EL braunes Mondamin
- 20 ml Sonnenblumenöl
- 1 TL Vegeta
- 1 TL Paprikapulver
- 1 Prise Salz
- 1 Prise Pfeffer

Zubereitung:

Zwiebel schälen und fein hacken.

Petersilie waschen, auseinander zupfen und ebenfalls fein hacken.

Brötchen in Milch einweichen. Dann herausnehmen und ausdrücken.

Hackfleisch mit Zwiebel, Petersilie, Eier, Brötchen und den Gewürzen vermengen. Schafskäse zerbröckeln und zu dem Hackfleisch geben. Dann aus dem Fleischmasse eine Rolle formen und diese im Kühlschrank 1 Stunde zugedeckt ziehen lassen.

Paprika waschen, halbieren, Kerngehäuse entfernen und die Paprika in Streifen schneiden.

Eine Auflaufform mit Butter auspinseln und die Hackfleischrolle dort hineinlegen. Im vorgeheizten Backofen bei 180 Grad 25 Minuten backen. Dann weitere 25 Minuten bei 200 Grad.

Paprika, Sahne und Wasser zufügen und alles weitere 10 Minuten backen lassen.

Den Bratsud abgießen und zusammen mit dem Mondamin in einen Topf aufkochen.

Hackbraten zusammen mit Paprika und Soße auf Teller anrichten.

Tipp: Dazu Klöße servieren.

Hackbraten mit Ahornsirup

Zutaten für 4 Personen:

- 800 g Hackfleisch
- 2 Brötchen
- 1 Zwiebel
- 1 TL frisch gehackte Petersilie
- 1 Ei
- 30 g Butter
- 120 ml Milch
- 1 EL Vegeta
- 2 EL Ahornsirup
- 2 Prisen Majoran
- 1 Prise Salz
- 1 Prise Pfeffer

Zubereitung:

Zwiebel schälen und fein hacken.

Petersilie waschen, auseinander zupfen und ebenfalls fein hacken.

Brötchen in Milch einweichen. Dann herausnehmen und ausdrücken.

Hackfleisch mit Zwiebel, Petersilie, Ei, Brötchen und den Gewürzen vermengen. Dann aus der Fleischmasse eine Rolle formen und diese im Kühlschrank 1 Stunde zugedeckt ziehen lassen.

Eine Auflaufform mit Butter auspinseln und die Hackfleischrolle dort hineinlegen.

Im vorgeheizten Backofen bei 180 Grad 25 Minuten backen. Dann weitere 20 Minuten bei 200 Grad backen. Braten mit Ahornsirup bestreichen und weitere 10 Minuten im Backofen lassen.

Paprika Sarma

Zutaten für 4 Personen:

- 700 g Hackfleisch
- 5 Paprika
- 5 Tomaten
- 50 g Reis
- 150 g Schmand
- 7 EL Sonnenblumenöl
- 1 TL Vegeta
- 1 Prise Paprikapulver
- 1 Prise Salz
- 1 Prise Pfeffer

Zubereitung:

Reis nach Packungsangaben zubereiten. Dann zusammen mit dem Hackfleisch und Schmand vermengen. Mit Vegeta, Paprikapulver, Salz und Pfeffer würzen.

Paprika waschen, den Deckel abschneiden und das Kerngehäuse entfernen. Nun mit der Reis-Hackfleischmasse füllen.

5 EL Sonnenblumenöl in eine Auflaufform geben. Gefüllte Paprika hineingeben und im vorgeheizten Backofen bei 180 Grad 20 Minuten backen.

Tomaten waschen, klein schneiden und in dem restlichen Sonnenblumenöl andünsten. Dann über die Paprika geben und alles weitere 20 Minuten backen lassen.

Weißkohl Sarma

Zutaten für 4 Personen:
- 800 g Hackfleisch
- 1 Weißkohl (im Beutel eingelegt)
- 1 Zwiebel
- 70 g Reis
- 4 EL Tomatenmark
- 700 ml Wasser
- 4 EL Ajvar
- 1 TL Vegeta
- 1 Prise Paprikapulver
- 1 Prise Zucker
- 1 Prise Salz
- 1 Prise Pfeffer

Zubereitung:
Reis nach Packungsangaben zubereiten.

Zwiebel schälen, klein schneiden und mit dem Hackfleisch, Ajvar und Reis vermengen. Mit Vegeta, Paprikapulver, Zucker, Salz und Pfeffer würzen.

Einzelne Blätter vom Weißkohl entfernen. Etwas von der Reis-Hackfleischmasse darauf geben und zusammenrollen.

Wasser in einem Topf erhitzen und das Tomatenmark darin auflösen. Die Weißkohl Sarma hineinlegen und darin bei schwacher Hitze 1 ½ Stunden köcheln lassen.

Hackfleischsoße für Nudel- oder Reisgerichte

Zutaten für 2 Personen:
- 400 g Hackfleisch
- 3 Möhren
- 1 Zwiebel
- 1000 g Tomaten
- 3 EL Olivenöl
- 1 Prise Majoran
- 1 Prise Thymian
- 1 Prise Zucker
- 1 Prise Salz
- 1 Prise Pfeffer

Zubereitung:

Zwiebel schälen und fein hacken.

Möhren schälen und in dünne Scheiben schneiden.

Tomaten waschen und würfeln.

2 EL Olivenöl in einer Pfanne erhitzen und das Hackfleisch darin anbraten. Dann zur Seite stellen.

Das restliche Olivenöl in einem Topf erhitzen und die Zwiebel darin glasig anschwitzen.

Tomaten sowie Möhren zufügen und 20 Minuten köcheln lassen. Dann alles pürieren. Mit Majoran, Thymian, Zucker, Salz und Pfeffer würzen. Das Hackfleisch zufügen und noch ein paar Minuten ziehen lassen.

Beefsteakfrikadellen

Zutaten für 2 Personen:

- ◆ 400 g Beefsteak
- ◆ 1 Brötchen
- ◆ 1 Chilischote
- ◆ 1 Bund glatte Petersilie
- ◆ 1 Ei
- ◆ 50 ml Milch
- ◆ 200 g Frischkäse
- ◆ 2 EL Ajvar
- ◆ 2 EL Sonnenblumenöl
- ◆ 1 Prise Brühe
- ◆ 1 Prise Salz
- ◆ 1 Prise Pfeffer

Zubereitung:

Brötchen in Milch einweichen. Dann herausnehmen und ausdrücken.

Petersilie waschen, auseinander zupfen und fein hacken.

Beefsteak mit Petersilie, Ei, Brötchen, Brühe, Salz und Pfeffer vermengen. Fleischmasse im Kühlschrank 1 Stunde zugedeckt ziehen lassen. Dann Frikadellen daraus formen.

Sonnenblumenöl in einer Pfanne erhitzen und die Frikadellen darin anbraten.

Chilischote waschen, halbieren, entkernen und klein würfeln. Dann zusammen mit dem Frischkäse und Ajvar verrühren.

Frikadellen zusammen mit dem Dipp servieren.

Roastbeef in Sahnesoße

Zutaten für 4 Personen:
- 1200 g Roastbeef
- 40 ml Olivenöl
- 1 Bund Thymian
- 200 ml Sahne
- 20 g Butter
- 1 TL süßer Senf
- 1 TL Salz
- 1 Prise schwarzer Pfeffer
- 1 Prise weißer Pfeffer
- 1 EL grüne Pfeffer Körner
- Alufolie

Zubereitung:
Roastbeef waschen, trocken tupfen und von Häuten und Sehnen befreien.

Thymianblätter abzupfen.

Olivenöl in einer Pfanne erhitzen. Das Fleisch salzen und dann im heißen Öl 25 Minuten braten. Dabei mehrmals wenden.

Roastbeef aus der Pfanne nehmen und zusammen mit den Thymianblättern in Alufolie wickeln. Im vorgeheizten Backofen bei 100 Grad Kerntemperatur etwa 50 Minuten backen.

Butter in einem Topf erhitzen und die grünen Pfefferkörner darin 1 Minute rösten. Sahne und Senf zufügen und kurz aufkochen lassen. Mit schwarzem und weißem Pfeffer würzen.

Roastbeef in dünne Scheiben schneiden und zusammen mit der Sahnesoße auf Teller anrichten.

Tipp: Dazu Spargel servieren.

Rumpsteak

Zutaten für 2 Personen:

- 470 g Fleisch
- 2 rote Zwiebeln
- 8 Kirschtomaten
- 1 Zweig Petersilie
- 20 g Butter
- 20 ml Olivenöl
- 1 Prise Salz
- 1 Prise schwarzer Pfeffer

Zubereitung:

Fleisch waschen und trocken tupfen

Zwiebeln schälen und in Ringe schneiden.

Tomaten waschen.

Petersilie waschen und etwas auseinander zupfen.

Olivenöl in einer Pfanne erhitzen und das Fleisch darin von beiden Seiten 4 Minuten braten. Mit Salz und Pfeffer würzen.

Butter, Zwiebeln und Tomaten zufügen und mit dünsten

Fleisch mit Zwiebeln und Tomaten auf Teller anrichten und mit Petersilie garnieren.

Tipp: Dazu Kartoffelpüree servieren.

Backhähnchen mit Mais

Zutaten für 4 Personen:

- 1 Hähnchen
- 2 Maiskolben
- 3 Gemüsezwiebeln
- 2 Zitronen
- 2 Zweige Rosmarin
- 2 Zweige Salbei
- 200 g Weintrauben
- 50 g Margarine
- 30 ml Sonnenblumenöl
- 1 TL Salz
- 1 TL Pfeffer
- Alufolie zum Abdecken

Zubereitung:

Die Maiskolben in einem Topf 20 Minuten kochen.

Sonnenblumenöl mit Salz und Pfeffer verrühren.

Ein tiefes Backblech mit Margarine ausstreichen.

Hähnchen waschen, trocken tupfen, mit dem Öl bepinseln und auf das Backblech legen.

Zwiebeln schälen und in Stücke schneiden. Dann zusammen mit den Maiskolben, Weintrauben, Rosmarin und Salbei zu dem Hähnchen geben.

Alles mit Alufolie bedecken und im vorgeheizten Backofen bei 180 Grad 30 Minuten backen. Dann die Alufolie entfernen und bei 200 Grad weitere 30 Minuten backen.

Hähnchen mit Maiskolben, Backsud, Zwiebeln und Weintrauben auf Teller anrichten und mit Zitronenscheiben garnieren.

Kartoffel-Backhähnchen

Zutaten für 6 Personen:
♦ 1 Hähnchen
♦ 1500 g Kartoffeln
♦ 2 Zitronen
♦ 1 Bund Koriander
♦ 70 ml Sonnenblumenöl
♦ 1 TL Vegeta
♦ 2 TL Prise Paprikapulver
♦ 1 TL Prise Salz
♦ 1 TL Prise Pfeffer

Zubereitung:
Hähnchen waschen, trocken tupfen und in Stücke schneiden.

Kartoffeln schälen und vierteln.

Koriander waschen und trocken tupfen.

Sonnenblumenöl mit Vegeta, Paprikapulver, Salz und Pfeffer verrühren.

Hähnchen und Kartoffeln mit dem Öl bestreichen und zusammen mit dem Koriander auf ein Backblech geben. Im vorgeheizten Backofen bei 200 Grad 1 Stunde backen.

Hähnchen und Kartoffeln auf Teller anrichten und mit Zitronenscheiben garnieren.

Bandnudeln mit Hähnchenfleisch

Zutaten für 4 Personen:
- 300 g Bandnudeln
- 800 g Hähnchenfleisch
- 3 Zwiebeln
- 300 g rote Paprika
- 300 ml Sahne
- 200 ml Brühe
- 1 Zweig Petersilie
- 2 EL Sonnenblumenöl
- 1 EL heller Soßenbinder
- 1 Prise Salz
- 1 Prise Pfeffer

Zubereitung:

Bandnudeln in kochendem Salzwasser 8 Minuten bissfest garen.

Zwiebeln schälen und fein hacken.

Paprika waschen und in Stücke schneiden.

Petersilie waschen und auseinander zupfen.

Hähnchenfleisch waschen und trockentupfen.

Sonnenblumenöl in einer Pfanne erhitzen und das Fleisch darin anbraten.

Zwiebeln und Paprika zufügen und 4 Minuten mitbraten.

Brühe, Sahne und Soßenbinder zufügen und alles 15 Minuten köcheln lassen.

Nudeln zusammen mit dem Fleisch auf Teller geben und mit Petersilie garnieren.

Putenschnitzel

Zutaten für 4 Personen:
- 4 Putenschnitzel a 70 g
- 3 Eier
- 4 Zweige Salbei
- 2 Zweige Thymian
- 1 Zweig Petersilie
- 1 Kopfsalat
- 3 Tomaten
- Saft einer Zitrone
- 20 ml Olivenöl
- 3 Eier
- 100 g Mehl
- 1 EL Senf
- 1 Prise Salz
- 1 Prise Pfeffer

Zubereitung:

Putenschnitzel waschen und trocken tupfen.

Salbei und Thymian waschen und fein hacken.

Petersilie waschen und auseinander zupfen.

Kopfsalat waschen und klein schneiden. Tomaten waschen und in Scheiben schneiden. Dann beides in einer Schüssel vermengen.

Zitronensaft, Senf, Salz und Pfeffer verrühren und über den Salat geben.

Eier in einem tiefen Teller aufschlagen. Dann den Salbei und Thymian unterheben.

Mehl in einem andern tiefen Teller geben.

Nun die Putenschnitzel zuerst in Ei, dann im Mehl wälzen.

Olivenöl in einer Pfanne erhitzen und die Schnitzel darin anbraten.

Schnitzel zusammen mit dem Salat auf Teller geben und mit Petersilie garnieren.

Reibeplätzchen mit Kompott

Zutaten für 2 Personen:

- 800 g Kartoffeln
- 2 Eier
- 2 Äpfel
- 200 ml Sonnenblumenöl
- 3 EL Wasser
- 1 EL Mehl
- 1 EL Zucker
- 1 Prise Zimt
- 1 Prise Salz
- 1 Prise Pfeffer

Zubereitung:

Kartoffel waschen, schälen und raspeln.

Mehl, Salz, Pfeffer und die Eier mit den Kartoffeln verrühren. Masse dann 30 Minuten ruhen lassen.

Öl in einer Pfanne erhitzen. Mit einem Löffel portionsweise Teig in die Pfanne geben und die Plätzchen darin ausbacken. Auf Küchenpapier abtropfen lassen.

Äpfel schälen und das Kerngehäuse entfernen Dann den Apfel in Würfel schneiden und zusammen mit dem Wasser, Zimt und Zucker in einem Topf einkochen lassen.

Reibeplätzchen zusammen mit Kompott servieren.

Kartoffelpuffer

<u>Zutaten für 4 Personen:</u>
- ◆ 400 g Kartoffeln
- ◆ 1 Zwiebel
- ◆ 3 Eier
- ◆ 50 g Mehl
- ◆ 200 ml Sonnenblumenöl
- ◆ 1 Prise Zucker
- ◆ 1 TL Salz
- ◆ 1 Prise Pfeffer

<u>Zubereitung:</u>
Kartoffel schälen und fein reiben.

Zwiebel schälen, fein hacken und mit der Kartoffelmasse vermengen.

Eier und Mehl unterheben und mit Zucker, Salz und Pfeffer würzen.

Sonnenblumenöl in einer Pfanne erhitzen. Mit einem Esslöffel von dem Kartoffelteig Häufchen in die Pfanne geben, etwas platt drücken und bei mittlerer Hitze von jeder Seite ca. 2 - 3 Minuten backen. Auf Küchenpapier abtropfen lassen.

Backkartoffeln mit Kräuterquark

Zutaten für 2 Personen:
- 2 große Kartoffeln
- 1 Knoblauchzehe
- 1 EL frisch gehackte Petersilie
- 3 EL frische Schnittlauchröllchen
- 200 g Quark
- 4 Scheiben Lachs
- 50 ml flüssige Sahne
- 1 EL Olivenöl
- 1 Prise Zucker
- 1 TL Kräutersalz
- 1 Prise Salz
- 1 Prise Pfeffer

Zubereitung:

Kartoffeln gut waschen, halbieren, die Schnittfläche mit Kräutersalz bestreichen und im vorgeheizten Backofen bei 190 Grad 45 Minuten backen.

Knoblauchzehe schälen und fein hacken. Dann zusammen mit dem Olivenöl, Quark, Petersilie und Schnittlauchröllchen vermengen. Mit Zucker Salz und Pfeffer würzen.

Kartoffelhälften auf Teller anrichten. Kräuterquark darauf verteilen und mit Lachsscheiben garnieren.

Kartoffelgratin

Zutaten für 4 Personen:

- 800 g Kartoffeln
- 4 Knoblauchzehen
- 100 g geriebenen Parmesan
- 400 ml Sahne
- 1 EL Gemüsebrühe
- 2 EL Butter
- 1 Prise Salz
- 1 Prise Pfeffer

Zubereitung:

Kartoffeln schälen, in dünne Scheiben schneiden und in eine Auflaufform geben.

Knoblauch schälen und fein hacken. Dann zusammen mit der Sahne in einem Topf erhitzen.

Butter, Brühe, Salz und Pfeffer mit der Sahne verrühren.

Sahne über die Kartoffeln geben.

Parmesan darauf verteilen und das Gratin im vorgeheizten Backofen bei 180 Grad 50 Minuten backen.

Schupfnudel-Schafskäse-Pfanne

Zutaten für 2 Personen:

- 400 g Schupfnudeln
- 1 Aubergine
- 2 Zweige Petersilie
- 150 g Schafskäse
- 50 g Walnüsse
- 4 EL Olivenöl
- 1 Prise Salz
- 1 Prise Pfeffer

Zubereitung:

Aubergine waschen, die Enden abschneiden und die Aubergine dann in Würfel schneiden.

Schafskäse würfeln.

Petersilie waschen und etwas auseinander zupfen.

Olivenöl in einer Pfanne erhitzen und die Schupfnudeln darin nach Packungsangabe braten. Nach der Hälfte der Zubereitungszeit die Aubergine sowie Walnüsse zufügen und mit Salz und Pfeffer würzen

Schupfnudelpfanne auf Teller anrichten, Schafskäse darauf verteilen und mit Petersilie garnieren.

Salbei-Gnocchi

Zubereitung für 2 Personen:

- ♦ 400 g Gnocchi
- ♦ 4 Zweige Salbei
- ♦ 1 Zweig Petersilie
- ♦ 100 g Butter
- ♦ 100 g Parmesan
- ♦ 4 EL Olivenöl
- ♦ 1 Prise Muskat
- ♦ 1 Prise Salz
- ♦ 1 Prise Pfeffer

Zubereitung:

Gnocchi nach Packungsangabe zubereiten.

Butter in einer Pfanne erhitzen und die Gnocchi darin zusammen mit dem Salbei anbraten. Mit Muskat, Salz und Pfeffer würzen.

Petersilie waschen und auseinander zupfen.

Gnocchi auf Teller anrichten und mit Petersilie garnieren.

Brokkoli-Knödel

Zutaten für 4 Personen:
- 200 g Brokkoli
- 6 alte Brötchen
- 300 ml Milch
- 3 Eier
- 1 Zwiebel
- 3 EL frisch gehackte Petersilie
- 3 EL Mehl
- 2 EL Sonnenblumenöl

Zubereitung:

Brötchen in Würfel schneiden. Dann in einer Schüssel mit Milch und Eier verrühren.

Brokkoli putzen und fein hacken.

Zwiebel schälen und klein würfeln.

Sonnenblumenöl in einer Pfanne erhitzen und den Brokkoli sowie Zwiebeln darin glasig dünsten. Dann vom Herd nehmen und abkühlen lassen. Mit den eingeweichten Brötchen und Petersilie zu einem Teig verkneten. Diesen dann 30 Minuten ruhen lassen.

Mehl auf die Arbeitsfläche geben und den Teig darauf zu Knödeln formen. Salzwasser zum Kochen bringen und die Knödel darin 20 Minuten kochen.

Eieromelett

Zutaten für 2 Personen:
- 4 Eier
- 5 Paprika
- 4 Kirschtomaten
- 1 Zweig Petersilie
- 4 EL Sonnenblumenöl
- 1 TL Vegeta
- 1 Prise Salz
- 1 Prise Pfeffer

Zubereitung:
Paprika waschen und trockentupfen. Dann im Backofen bei 200 Grad 7 Minuten backen. Herausnehmen, die Haut abziehen und die Paprika in Stücke schneiden.

Petersilie waschen und etwas auseinanderzupfen.

Tomaten waschen.

Eier mit Vegeta, Salz und Pfeffer verrühren.

Sonnenblumenöl in einer Pfanne erhitzen. Eier zufügen und etwas stocken lassen. Dann die Paprikastücke darauf verteilen und das Ei zu Ende stocken lassen.

Eieromelett auf Teller anrichten und mit Tomaten und Petersilie garnieren.

Eierkuchen

Zutaten für 4 Personen:
- 2 Eier
- 125 ml Milch
- 125 ml Wasser
- 100 g Mehl
- 1 Msp Backpulver
- 1 Prise Salz
- 50 g Margarine
- 1 Msp Vanillezucker
- 50 g Puderzucker

Zubereitung:
Eier in einer Schüssel mit Wasser und Milch verrühren.

Mehl mit Backpulver und Vanillezucker mischen, mit den Eiern vermengen und den Teig 30 Minuten ruhen lassen.

Margarine in einer Pfanne erhitzen. Eier zufügen und dünne Eierkuchen ausbacken.

Eierkuchen auf Teller anrichten und mit Puderzucker bestreuen.

Tipp: Die Eierkuchen mit Obst, Eis und Sahne servieren.

Rührei mit Bratwurst

Zutaten für 2 Personen:

♦ 4 Eier
♦ 200 g Bratwurst
♦ 2 Zweige Petersilie
♦ 2 EL Maismehl
♦ 3 EL Joghurt
♦ 3 EL Sonnenblumenöl
♦ 1 TL Vegeta
♦ 1 Prise Chiliflocken
♦ 1 Prise Salz
♦ 1 Prise Pfeffer

Zubereitung:

Bratwurst in Scheiben schneiden.

Petersilie waschen und etwas auseinander zupfen.

Eier mit Maismehl, Joghurt, Vegeta, Salz und Pfeffer verrühren.

Sonnenblumenöl in einer Pfanne erhitzen und die Bratwurst darin 3 - 4 Minuten anbraten.

Eier zufügen und etwas stocken lassen. Dann unter Umrühren zu Ende stocken lassen

Rührei auf Teller anrichten, mit Chiliflocken bestreuen und Petersilie garnieren.

Rührei mit Fleischwurst

Zutaten für 2 Personen:
- 4 Eier
- 200 g Geflügelfleischwurst
- 1 Fleischtomate
- 1 Orange
- 2 Zweige Petersilie
- 20 ml Sahne
- 4 EL Sonnenblumenöl
- 1 Prise Vegeta
- 1 Prise Salz
- 1 Prise Pfeffer

Zubereitung:
Geflügelfleischwurst in Streifen schneiden.

Petersilie waschen und etwas auseinander zupfen.

Eier mit Sahne, Vegeta, Salz und Pfeffer verrühren.

Sonnenblumenöl in einer Pfanne erhitzen und die Geflügelfleischwurst darin 3 - 4 Minuten anbraten.

Eier zufügen und etwas stocken lassen. Dann unter Umrühren zu Ende stocken lassen.

Rührei auf Teller anrichten und mit Orangen- sowie Tomatenscheiben und Petersilie garnieren.

Cannelloni mit Rahmspinat

Zutaten für 2 Personen:
- 300 g Cannelloni
- 500 g frischen Spinat
- 2 Lauchzwiebeln
- 2 Zweige Petersilie
- 2 EL Butter
- 1 TL Mehl
- 200 ml flüssige Sahne
- 100 g geriebenen Parmesan
- 300 g Ricotta
- 100 g Creme fraiche
- 1 Prise Muskat
- 1 Prise Zucker
- 1 Prise Salz
- 1 Prise Pfeffer

Zubereitung:
Cannelloni nach Packungsangaben zubereiten.

Spinat waschen, trocken tupfen und klein schneiden. Lauchzwiebeln putzen und in Ringe schneiden. Dann beides zusammen mit dem Ricotta vermengen.

1 EL Butter in einem Topf erhitzen und das Mehl darin unter Rühren anschwitzen. Sahne und Creme fraiche zufügen, mit Muskat Salz und Pfeffer würzen und kurz köcheln lassen.

Mit der restlichen Butter eine Auflaufform auspinseln. Cannelloni mit Spinat-Ricottamasse füllen und dort hineinlegen. Soße darauf verteilen. Mit Parmesan bestreuen und im vorgeheizten Backofen bei 180 Grad 30 Minuten überbacken.

Spaghetti Carbonara

<u>Zutaten für 2 Personen:</u>
- 300 g Spaghetti
- 200 g Sucuk Bratwurst
- 2 Eier
- 200 ml Sahne
- 30 ml Bechamelsoße
- 3 EL Butter
- 1 Prise Salz
- 1 Prise Pfeffer

<u>Zubereitung:</u>

Spaghetti nach Packungsangab zubereiten.

Sucuk klein schneiden.

Butter in einer Pfanne erhitzen und die Bratwurst darin anbraten. Sahne und Bechamelsoße zufügen, aufkochen und bei schwacher Hitze 5 Minuten köcheln lassen.

Eier dazugeben und schnell mit einem Schneebesen verrühren. Dann die Nudeln unterheben und mit Salz und Pfeffer würzen

Spaghetti mit Pfifferlingen

Zutaten für 2 Personen:

- 300 g Spaghetti
- 200 g Pfifferlinge
- 2 Zweige Petersilie
- 200 ml Sahne
- 30 ml Bechamelsoße
- 3 EL Butter
- 1 Prise Salz
- 1 Prise Pfeffer

Zubereitung:

Spaghetti nach Packungsangabe zubereiten.

Petersilie waschen und etwas auseinander zupfen.

Pfifferlinge putzen.

Butter in einer Pfanne erhitzen und die Pfifferlinge darin anbraten. Sahne und Bechamelsoße zufügen, aufkochen und bei schwacher Hitze 5 Minuten köcheln lassen. Nudeln unterheben, mit Salz sowie Pfeffer würzen und alles weitere 2 Minuten köcheln lassen.

Nudeln mit Pfifferlingen auf Teller anrichten und mit Petersilie garnieren.

Spaghetti Bolognese

Zutaten für 2 Personen:
- 300 g Spaghetti
- 300 g Hackfleisch
- ½ Zwiebel
- ½ grüne Paprika
- ½ Möhre
- 1 Zweig frische Petersilie
- 300 ml passierte Tomatensoße (Packung)
- 1 TL Brühe
- 1 TL Maggi
- 1 TL Tabasco
- 2 EL Sonnenblumenöl
- 1 TL Zucker
- 1 Prise Salz
- 1 Prise Pfeffer

Zubereitung:

Spaghetti nach Packungsangabe zubereiten.

Paprika waschen, halbieren, Kerngehäuse entfernen und die Paprika in kleine Würfel schneiden.

Möhre schälen und raspeln.

Zwiebel schälen und fein hacken.

Petersilie waschen und auseinander zupfen.

Sonnenblumenöl in einer Pfanne erhitzen und das Hackfleisch darin 10 Minuten anbraten.

Gemüse, Tomatensoße, Brühe, Maggi, und Tabasco zufügen und alles weitere 10 Minuten köcheln lassen. Mit Zucker, Salz und Pfeffer würzen.

Spaghetti mit Tomatensoße auf Teller anrichten und mit Petersilie garnieren.

Spaghetti mit Krabben

Zutaten für 2 Personen:
- 300 g Spaghetti
- 300 g küchenfertige Krabben
- 1 Zwiebel
- 1 Knoblauchzehe
- 2 Zweige Basilikum
- 300 ml Tomatensoße
- 2 EL Olivenöl
- 1 EL Tabasco
- 1 Prise Salz
- 1 Prise Pfeffer

Zubereitung:

Spaghetti nach Packungsangabe zubereiten.

Krabben waschen und trockentupfen.

Zwiebel und Knoblauchzehen schälen und fein hacken.

Basilikum waschen und die Blätter abzupfen.

Olivenöl in einem Topf erhitzen und die Zwiebel sowie Knoblauch darin anschwitzen.

Spaghetti und Tomatensoße zufügen, aufkochen und 5 Minuten köcheln lassen. Mit Tabasco, Salz und Pfeffer würzen.

Die Krabben zufügen und 5 Minuten ziehen lassen, nicht mehr kochen.

Spaghetti in Teller füllen und mit Basilikum garnieren.

Spaghetti mit Rinderfilet

Zutaten für 2 Personen:
- 300 g Spaghetti
- 250 g Rinderfilet
- 2 scharfe Peperoni
- 1 Zweig frische Petersilie
- 300 ml passierte Tomatensoße (Packung)
- 3 EL Olivenöl
- 1 Prise Salz
- 1 Prise Pfeffer

Zubereitung:

Spaghetti nach Packungsangaben zubereiten.

Rinderfilet waschen, trocken tupfen und in dünne Scheiben schneiden.

Peperoni waschen und in Ringe schneiden

Petersilie waschen und auseinander zupfen.

Olivenöl in einer Pfanne erhitzen und das Fleisch darin 7 Minuten anbraten.

Tomatensoße und Peperoni zufügen und alles weitere 2 - 3 Minuten köcheln lassen. Mit Salz und Pfeffer würzen.

Spaghetti mit Rinderfilettomatensoße auf Teller anrichten und Petersilie garnieren.

Spaghetti mit Lachs

Zutaten für 2 Personen:

- 300 g Spaghetti
- 250 g Lachs
- 2 Knoblauchzehen
- 1 Zweig frische Petersilie
- 300 ml passierte Tomatensoße (Packung)
- 50 ml flüssige Sahne
- 3 EL Olivenöl
- 1 Prise Vegeta
- 1 Prise Zucker
- 1 Prise Salz
- 1 Prise Pfeffer

Zubereitung:

Spaghetti nach Packungsangaben zubereiten

Lachs waschen, trocken tupfen und in Würfel schneiden.

Knoblauchzehen schälen und fein hacken.

Petersilie waschen und auseinander zupfen.

Olivenöl in einer Pfanne erhitzen und den Lachs darin 5 Minuten anbraten.

Tomatensoße, Sahne und Knoblauch zufügen und alles weitere 5 Minuten köcheln lassen. Mit Vegeta, Zucker, Salz und Pfeffer würzen.

Spaghetti mit Lachstomatensoße auf Teller anrichten und Petersilie garnieren.

Basilikum-Spaghetti

Zutaten für 2 Personen:

- 250 g Spaghetti
- 1 Zwiebel
- 400 g Biotomaten
- 1 Möhre
- 3 Zweige Basilikum
- 1 Zweig Petersilie
- 3 EL Sonnenblumenöl
- 1 TL Tabasco
- 1 Prise Zucker
- 1 Prise Salz
- 1 Prise Pfeffer

Zubereitung:

Spaghetti nach Packungsangaben zubereiten. Danach in einem Sieb abtropfen lassen.

Tomaten waschen und in kleine Stücke schneiden.

Zwiebel schälen und fein hacken.

Möhre schälen und raspeln.

Petersilie waschen und auseinander zupfen.

Basilikum waschen und klein schneiden.

Sonnenblumenöl in einer Pfanne erhitzen und die Zwiebel, Tomaten und Möhre darin anschwitzen. Basilikum, Tabasco, Zucker, Salz und Pfeffer zufügen und alles 20 Minuten einköcheln lassen.

Spaghetti auf Tellern anrichten, die Salsa darauf verteilen und mit Petersilie garnieren.

Tomatensoße für Lasagne und andere Nudelgerichte

Zutaten für 2 Personen:
- 480 g Tomatensoße
- 1 Zwiebel
- 2 Möhren
- 20 ml Olivenöl
- 1 TL Zucker
- 1 Prise Salz
- 1 Prise Pfeffer

Zubereitung:
Zwiebel schälen und fein hacken.

Möhren schälen und in feine Scheiben schneiden.

Olivenöl in einem Topf erhitzen und die Zwiebel darin glasig anschwitzen.

Tomaten sowie Möhren zufügen und 20 Minuten köcheln lassen. Dann alles pürieren. Mit Zucker, Salz und Pfeffer würzen.

Überbackene Tortellini

Zutaten für 4 Personen:
- ♦ 600 g Tortellini vegetarisch
- ♦ 3 grüne Paprika
- ♦ 150 g Mais (Dose)
- ♦ 1 Zweig Petersilie
- ♦ 2 Eier
- ♦ 100 g geriebenen Käse
- ♦ 250 ml flüssige Sahne
- ♦ 70 g Creme fraiche
- ♦ 200 ml Tomatensoße
- ♦ 1 Prise Vegeta
- ♦ 1 Prise Salz
- ♦ 1 Prise Pfeffer

Zubereitung:
Tortellini nach Packungsangaben zubereiten.

Mais in einem Sieb abtropfen lassen.

Petersilie wachen, trocken tupfen und klein schneiden.

Paprika waschen, längs halbieren, Kerne entfernen und die Paprika dann in Würfel schneiden.

Tomatensoße, Tortellini und Paprika in einer Auflaufform verteilen.

Sahne, Creme fraiche, Eier und geriebener Käse verrühren. Mit Vegeta, Salz und Pfeffer würzen und über die Tortellini geben.

Im vorgeheizten Backofen bei 180 Grad 30 Minuten überbacken.

Tortellini Pfanne

Zutaten für 2 Personen:

- ◆ 300 g Tortellini
- ◆ 7 Kirschtomaten
- ◆ 2 Zweige Petersilie
- ◆ 300 g Creme fraiche
- ◆ 3 EL Olivenöl
- ◆ 1 Prise Salz
- ◆ 1 Prise Pfeffer

Zubereitung:

Tortellini nach Packungsangaben zubereiten.

Kirschtomaten waschen.

Petersilie waschen und etwas auseinander zupfen.

Olivenöl in einer Pfanne erhitzen und die Tortellini darin kurz anbraten. Creme fraiche zufügen, aufkochen und bei schwacher Hitze 5 Minuten köcheln lassen.

Tortellini in Creme fraiche Soße auf Teller anrichten und mit Kirschtomaten und Petersilie garnieren.

Pizza

Zutaten für 4 Personen:
Für den Teig:
- 500 g Mehl
- 40 g frische Hefe (Würfel)
- 1 Ei
- 300 ml lauwarmes Wasser
- 1 EL Margarine
- 1 Prise Zucker
- 1 EL Salz

Für den Belag:
- 300 g Tunfisch
- 2 rote Zwiebeln
- 8 Peperoni
- 4 Gewürzgurken
- 200 ml Tomatensoße
- 300 g geriebenen Käse
- 1 Prise Salz

Zubereitung:

Mehl mit Salz und Zucker in einer Schüssel vermengen. In die Mitte eine Mulde drücken und die Hefe hineinbröseln. Ei, Margarine und Wasser zufügen und alles zu einem Teig verarbeiten. Diesen zugedeckt an einem warmen Ort 10 Minuten gehen lassen.

Zwiebeln schälen und in Ringe schneiden. Gewürzgurken in Scheiben schneiden. Peperoni waschen und in Ringe schneiden.

Den Teig auf einer bemehlten Arbeitsfläche ausrollen. Etwas Käse am Rand verteilen, diesen dann umklappen und fest andrücken. Salz und Tomatensoße vermengen und auf den Pizzaboden verteilen. Nun mit Tunfisch, Zwiebeln, Gewürzgurken und Peperoni belegen.

Restlichen Käse darüber streuen und die Pizza im vorgeheizten Backofen bei 180 Grad 20 Minuten backen.

Pide pikant

Zutaten für 2 Personen:
Für den Teig:
- 500 g Mehl Typ 550
- 1 Päckchen Trockenhefe
- 180 ml lauwarmes Wasser
- 3 EL Sonnenblumenöl
- 1 Prise Zucker
- 1 Prise Salz

Für den Belag:
- 300 g Sucuk Bratwurst
- 100 g Mozzarella
- 20 schwarze Oliven
- 100g Creme fraiche
- 100 g Schmand
- 3 EL Milch
- 1 Prise Salz

Zubereitung:
Mehl mit Salz in einer Schüssel vermengen. In die Mitte eine Mulde drücken und die Hefe hineinbröseln. Sonnenblumenöl, Zucker und Wasser zufügen und alles zu einem Teig verarbeiten. Diesen zugedeckt an einem warmen Ort 1 Stunde gehen lassen.

Sucuk Bratwurst in Scheiben schneiden.

Mozzarella reiben.

Den Teig auf einer bemehlten Arbeitsfläche 3 cm dick ausrollen. Creme fraiche, Schmand und Milch verrühren und auf den Teig streichen. Dann die Bratwurst darauf verteilen. Mozzarella darüber streuen und im vorgeheizten Backofen bei 180 Grad 15 - 20 Minuten backen.

Mit Oliven garnieren.

Pide Jalapeno (scharf)

Zutaten für 2 Personen:

Für den Teig:
- 300 g Mehl
- ½ Päckchen Trockenhefe
- 120 ml lauwarmes Wasser
- 2 EL Sonnenblumenöl
- 1 Prise Zucker
- 1 Prise Salz

Für den Belag:
- 2 Paprika Jalapeno
- 150 g Schafskäse
- 1 Ei
- 150 g Bio Joghurt
- 1 Prise Pfeffer

Zubereitung:

Mehl mit Salz in einer Schüssel vermengen. In die Mitte eine Mulde drücken und die Hefe hineinbröseln. Sonnenblumenöl, Zucker und Wasser zufügen und alles zu einem Teig verarbeiten. Diesen zugedeckt an einem warmen Ort 1 Stunde gehen lassen.

Paprika Jalapeno waschen, halbieren, entkernen und in Scheiben schneiden.

Schafskäse zerbröckeln.

Den Teig auf einer bemehlten Arbeitsfläche 3 cm dick ausrollen. Joghurt, Ei und Pfeffer verrühren und auf den Teig streichen. Dann die Paprika und Jalapeno darauf verteilen. Schafskäse darüber streuen und im vorgeheizten Backofen bei 180 Grad 15 - 20 Minuten backen.

Pide mit Petersilie

Zutaten für 4 Personen:

Für den Teig:
- 500 g Mehl Typ 550
- 1 Päckchen Hefe
- 180 ml lauwarmes Wasser
- 3 EL Sonnenblumenöl
- 1 Prise Zucker
- 1 TL Salz

Für den Belag:
- 1 Bund Petersilie
- 10 Oliven
- 200 g Schafskäse
- 200 g griechischer Joghurt
- 5 EL Milch
- 1 Prise Pfeffer

Zubereitung:

Mehl mit Salz in einer Schüssel vermengen. In die Mitte eine Mulde drücken und die Hefe hineinbröseln. Sonnenblumenöl, Zucker und Wasser zufügen und alles zu einem Teig verarbeiten. Diesen zugedeckt an einem warmen Ort 1 Stunde gehen lassen.

Petersilie waschen und auseinander zupfen.

Schafskäse zerbröckeln.

Den Teig auf einer bemehlten Arbeitsfläche 3 cm dick ausrollen. Joghurt, Milch und Pfeffer verrühren und auf den Teig streichen Dann die Petersilie darauf verteilen. Schafskäse darüber streuen und im vorgeheizten Backofen bei 180 Grad 15-20 Minuten backen.

Mit Oliven garnieren.

Pide mit Kräutercreme

Zutaten für 2 Personen:

Für den Teig:
- 500 g Mehl Typ 550
- 1 Päckchen Trockenhefe
- 150 ml lauwarmes Wasser
- 3 EL Sonnenblumenöl
- 1 Prise Zucker
- 1 TL Salz

Für den Belag:
- 4 Frühlingszwiebeln
- 20 Kirschtomaten
- 200 g Creme fraiche Kräuter
- 20 ml Milch
- 1 Prise Pfeffer

Zubereitung:

Mehl mit Salz in einer Schüssel vermengen. In die Mitte eine Mulde drücken und die Hefe hineinbröseln. Sonnenblumenöl, Zucker und Wasser zufügen und alles zu einem Teig verarbeiten. Diesen zugedeckt an einem warmen Ort 1 Stunde gehen lassen.

Frühlingszwiebeln putzen und in Ringe schneiden.

Kirschtomaten waschen und halbieren.

Den Teig auf einer bemehlten Arbeitsfläche 3 cm dick ausrollen. Creme fraiche, Milch und Pfeffer verrühren und auf den Teig streichen. Dann die Frühlingszwiebeln und Tomaten darauf verteilen. Im vorgeheizten Backofen bei 180 Grad 15 - 20 Minuten backen.

Pide mit Kürbis (süß)

Zutaten für 2 Personen:
Für den Teig:
- 300 g Mehl Typ 550
- ½ Päckchen Hefe
- 120 ml lauwarmes Wasser
- 3 EL Sonnenblumenöl
- 1 Prise Zucker

Für den Belag:
- 100 g Hokkaidokürbis
- 150 g Schafskäse
- 100 g Schmand
- 3 EL Milch
- 3 EL Sonnenblumenöl
- 1 EL Zucker
- 1 Prise Pfeffer
- 10 Amarena Kirschen

Zubereitung:
Mehl mit Salz in einer Schüssel vermengen. In die Mitte eine Mulde drücken und die Hefe hineinbröseln. Sonnenblumenöl, Zucker und Wasser zufügen und alles zu einem Teig verarbeiten. Diesen zugedeckt an einem warmen Ort 1 Stunde gehen lassen.

Kürbis schälen, in dünne Scheiben schneiden, mit Öl bepinseln und 10 Minuten im Backofen backen lassen.

Schafskäse zerbröckeln.

Den Teig auf einer bemehlten Arbeitsfläche 2 cm dick ausrollen. Schmand, Milch, Zucker und Pfeffer verrühren und auf den Teig streichen. Dann den Kürbis darauf verteilen. Schafskäse darüber streuen und im vorgeheizten Backofen bei 180 Grad 12 - 15 Minuten backen.

Mit Amarena Kirschen garnieren.

Pide mit Heidelbeeren (süß)

Zutaten für 2 Personen:
Für den Teig:
- 300 g Mehl
- ½ Päckchen Hefe
- 120 ml lauwarmes Wasser
- 3 EL Sonnenblumenöl
- 1 Prise Zucker

Für den Belag:
- 300 g Heidelbeeren
- 150 g Schafskäse
- 100 g Creme fraiche
- 2 EL Milch
- 1 Prise Zucker
- 1 Prise Zimt

Zubereitung:
Mehl mit Salz in einer Schüssel vermengen. In die Mitte eine Mulde drücken und die Hefe hineinbröseln. Sonnenblumenöl, Zucker und Wasser zufügen und alles zu einem Teig verarbeiten. Diesen zugedeckt an einem warmen Ort 1 Stunde gehen lassen.

Heidelbeeren waschen.

Schafskäse zerbröckeln.

Den Teig auf einer bemehlten Arbeitsfläche 2 cm dick ausrollen. Creme fraiche und Milch verrühren und auf den Teig streichen Dann die Heidelbeeren darauf verteilen. Schafskäse darüber streuen und im vorgeheizten Backofen bei 180 Grad 12 - 15 Minuten backen.

Mit Zucker und Zimt bestreuen.

Weitere Ideen für den Belag

Zutaten für 2 Personen:
- 1 rote Paprika
- 1 rote Zwiebel
- 100 g Creme fraiche Kräuter
- 1 EL Olivenöl
- 1 Prise Zucker
- 1 Prise Salz
- 1 Prise Pfeffer

Zutaten für 2 Personen:
- 100 g Schafskäse
- 150 g Sucuk Bratwurst
- 100 g Jogurt
- 5 eingelegte Knoblauchzehen
- 1 Ei
- 2 Prisen Chiliflocken

Zutaten für 2 Personen:

- 150 g Französischer Camembert
- 100 g Creme fraiche
- 1 Zwiebel
- 3 EL Preiselbeeren
- 2 EL Olivenöl
- 1 Prise Salz
- 1 Prise Pfeffer

Mit Preiselbeeren garnieren

Zutaten für 2 Personen:

- 1 rote Zwiebel
- 1 EL Meerrettich
- 200 g Lachs in Scheiben.
- 100 g Schmand
- 1 Prise Kräuter der Provence
- 1 Prise Salz
- 1 Prise Pfeffer

Lachs in Würfel schneiden und damit garnieren

Scampi

Zutaten für 2 Personen:

- 10 Scampi
- 4 rote Paprika
- 1 Aubergine
- 1 Knoblauchzehe
- 1 EL Tomatenmark
- 4 EL Olivenöl
- 300 g Reis
- 400 ml Brühe
- 200 ml passierte Tomaten
- 1 Prise Tabasco
- 1 TL Zucker
- 1 Prise Salz
- 1 Prise Pfeffer
- Holzspieße

Zubereitung:

Scampi schälen, waschen und trockentupfen.

Reis nach Packungsangabe zubereiten.

Paprika waschen, Kerngehäuse entfernen und in Stücke schneiden.

Aubergine waschen und würfeln.

Knoblauchzehe schälen und fein hacken.

2 EL Olivenöl in einer Pfanne erhitzen. Gemüse und Tomatenmark zufügen und darin anschwitzen. Passierte Tomaten sowie Brühe zufügen, aufkochen und alles etwa 15 Minuten köcheln lassen. Reis unterheben und mit Tabasco, Zucker, Salz und Pfeffer würzen.

Das restliche Olivenöl in einer Pfanne erhitzen. Die Scampi auf die Holzspieße stecken und darin anbraten.

Gemüsereis auf Tellern anrichten und die Scampispieße darauf legen.

Backfisch

Zutaten für 4 Personen:

- 800 g Kabeljau
- Saft einer Zitrone
- 200 g Mehl
- 250 ml Milch
- 2 Eier
- 400 ml Sonnenblumenöl
- 1 Prise Brühe
- 1 Prise Zucker
- 3 Prisen Salz
- 2 Prisen Pfeffer

Zubereitung:

Fisch waschen, trockentupfen mit Zitronensaft beträufeln und 20 Minuten ruhen lassen.

Milch, Eier, Brühe, Zucker, Salz und Pfeffer verrühren. Dann das Mehl löffelweise zufügen und gut vermengen.

Sonnenblumenöl in einer Pfanne erhitzen. Den Fisch in den Teig tauchen, etwas abtropfen lassen und von beiden Seiten etwa 5 min backen bis der Teig goldgelb ist. Auf Küchenpapier abtropfen lassen.

Lokum Krapfen

Zutaten für 2 Personen:

- 2 Eier
- 250 Mehl
- 25 g Hefe
- 500 ml Milch
- 50g Zucker
- Abrieb einer Zitronenschale
- 100 ml Sonnenblumenöl
- 1 EL Butter
- 1 Prise Salz

Zubereitung:

Milch in einem Topf lauwarm erhitzen.

Mehl, Hefe, Eier, Salz, Butter, Zucker und Zitronenschalenabrieb in einer Schüssel vermengen. Dann die lauwarme Milch zufügen und gut verrühren. Den Teig zugedeckt 1 Stunde ruhen lassen. Dann ausrollen, zu einem Quadrat schneiden und weiter 10 Minuten ruhen lassen.

Sonnenblumenöl in einer Pfanne erhitzen und den Teig darin von beiden Seiten backen, bis er schön braun ist.

Tipp: Hefekuchen mit Marmelade, Zucker, Puderzucker oder Schafskäse gefüllt servieren.

Pfannkuchen

Zutaten für 2 Personen:

- 200 ml Milch
- 2 Eier
- 5 EL Mehl
- 10 Pflaumen
- 1 TL Vanillezucker
- 100 g geriebene Walnüsse
- 3 EL geraspelt Schokolade
- 30 g Margarine
- 20 g Zimt
- 4 EL Puderzucker
- 6 EL Wasser
- 2 EL Zucker

Zubereitung:

Milch, Eier, Mehl und Vanillezucker zu einem Teig verrühren und den dann 30 Minuten ruhen lassen.

Pflaumen waschen, halbieren und die Kerne entfernen. Dann mit dem Wasser in einen Topf geben und dort etwa 5 Minuten blanchieren.

Margarine in einer Pfanne erhitzen, den Teig portionsweise zufügen und die Pfannkuchen darin ausbacken.

Walnüsse, Schokolade und Zucker vermengen.

Pfannkuchen auf Teller anrichten, Pflaumen darauf verteilen und mit Zimt, Puderzucker und der Walnussmischung bestreuen.

Bratapfel mit Ingwer

Zutaten für 4 Personen:
- 8 Äpfel
- 250 g gehackte Walnüsse
- 100 g Butter
- 100 g Ingwer
- 100 g Honig
- 1 Prise Zimt
- 20 g Puderzucker

Zubereitung:
Äpfel waschen, trocken reiben und oben einen Deckel abschneiden. Dann das Kerngehäuse mit einem Kugelausstecher entfernen. Dabei rundum einen etwa 5 mm breiten Rand Fruchtfleisch lassen.

Ingwer schälen und reiben. Dann mit den Walnüssen, Honig, Zimt und 70 g Butter vermengen. Masse in die Äpfel füllen.

Apfel in eine Auflaufform setzen. Mit der restlichen Butter bepinseln. Im vorgeheizten Backofen bei 180 Grad 20 Minuten backen.

Apfel auf Teller geben und mit Puderzucker bestäuben.

Tipp: Dazu passt Vanillesoße

Pflaumendessert

Zutaten für 2 Personen:

♦ 300 g Pflaumen
♦ 5 Walnüsse
♦ 100 g Zimt-Cornflakes
♦ 100 ml Sahne
♦ 3 EL Walnussöl
♦ 4 EL Zucker
♦ 1 Zimtstange
♦ 1 Prise Zimt

Zubereitung:

Sahne steif schlagen.

Pflaumen waschen, halbieren und entsteinen. Nun die Pflaumenhälften vierteln.

Walnussöl in einer Pfanne erhitzen und die Pflaumen darin kurz andünsten. Zucker sowie Zimtstange zufügen und unter Rühren 5 Minuten blanchieren.

Pflaumen mit Walnüsse und Cornflakes vermengen und in Dessertgläser füllen. Mit Zimtstange und Sahne garnieren.

Joghurt mit Erdbeeren

Zutaten für 2 Personen:

- 300 g Erdbeeren
- 1 EL Vanillezucker
- 250 g Joghurt
- 2 Zweige Minze

Zubereitung:

Erdbeeren waschen und in Stücke schneiden.

Minze waschen und die Blätter abzupfen.

Joghurt und Vanillezucker verrühren.

Erdbeeren und Joghurt vermischen, in Schälchen füllen und mit Minzblättern garnieren.

Obstsalat

Zutaten für 2 Personen:

♦ 2 Pfirsiche
♦ 1 Apfel
♦ 2 Feigen
♦ 2 Orangen
♦ 10 Himbeeren
♦ 100g Weintrauben
♦ 100 ml Schlagsahne
♦ 2 EL Zucker

Zubereitung:

Orangen auspressen.
Das restliche Obst waschen. Außer den Himbeeren alles in Stücke schneiden und in einer Schüssel vermengen.

Schlagsahne mit dem Zucker steif schlagen.

Orangensaft mit dem Obst vermengen. Dann in Schälchen füllen und mit Schlagsahne sowie Himbeeren garnieren.

Split Bananen

Zutaten für 2 Personen:

- 2 Bananen
- 100 g Himbeeren
- 100 g Erdbeeren
- 2 Feigen
- 100 ml Schlagsahne
- 3 EL Zucker

Zubereitung:

Bananen schälen und vierteln.

Himbeeren waschen und pürieren.

Erdbeeren waschen und putzen.

Feigen in Scheiben schneiden.

Schlagsahne mit dem Zucker steif schlagen.

Die Erdbeeren mit den Bananen auf einem Teller anrichten. Dann die Himbeersoße darauf verteilen. Einen Klecks Schlagsahne daneben anrichten und die Feige darauf setzen.

Autorenprofil

Seljvije Mehmeti wurde die Kochbegeisterung in die Wiege gelegt. Ihre Familie, besonders die Oma, kochte sehr viel und gerne. So schaute sie schon als Kind ihrer Oma über die Schulter und wurde vom Virus „Kochen" infiziert.

Diese Kochbegeisterung hat sich auch im Erwachsenenalter nicht abgelegt. Die leidenschaftliche Hobby-Köchin verwöhnt regelmäßig Freude und Familie mit ihren Köstlichkeiten.